CAMBIOS INCREÍBLES EN LA TIERRA

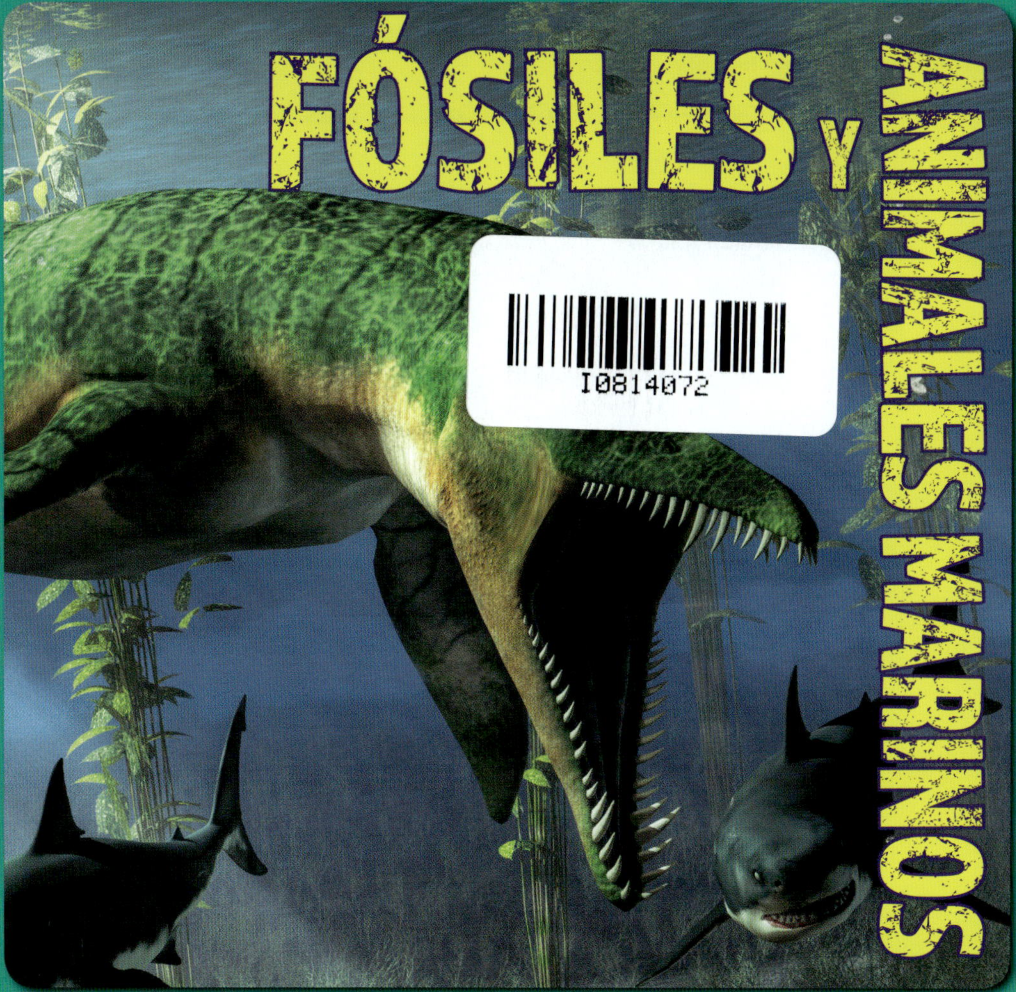

FÓSILES Y ANIMALES MARINOS

De Alan Walker

Traducción de Santiago Ochoa

Un libro de El Semillero de Crabtree

Paleontología: El estudio de la vida antigua a través de los fósiles.

Elasmosaurus

Vivió: de 85 a 65 millones de años atrás.

El *elasmosaurus* vivía en el agua, pero respiraba aire. Llegó a medir más de 40 pies (12 metros) de largo.

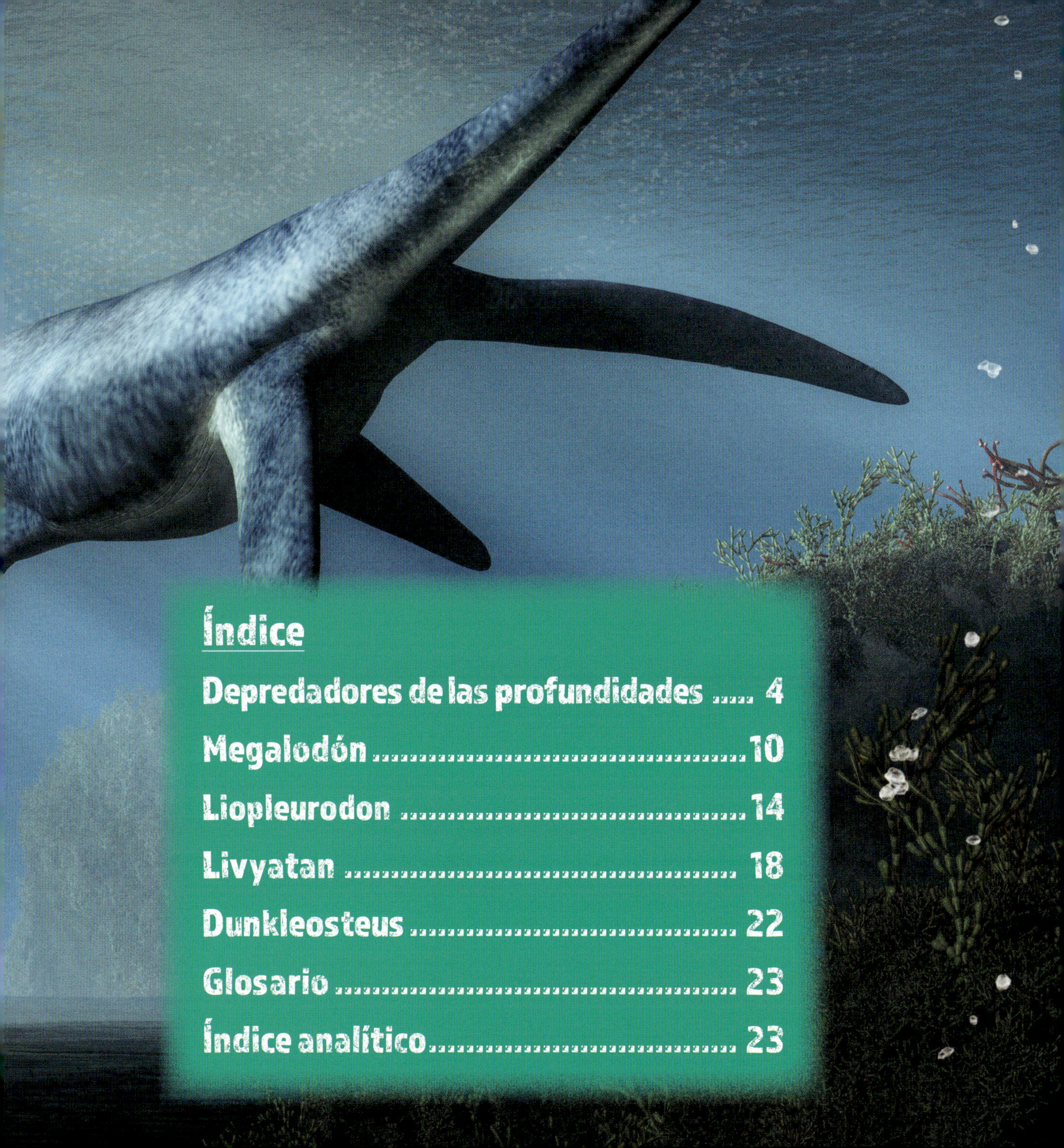

Índice

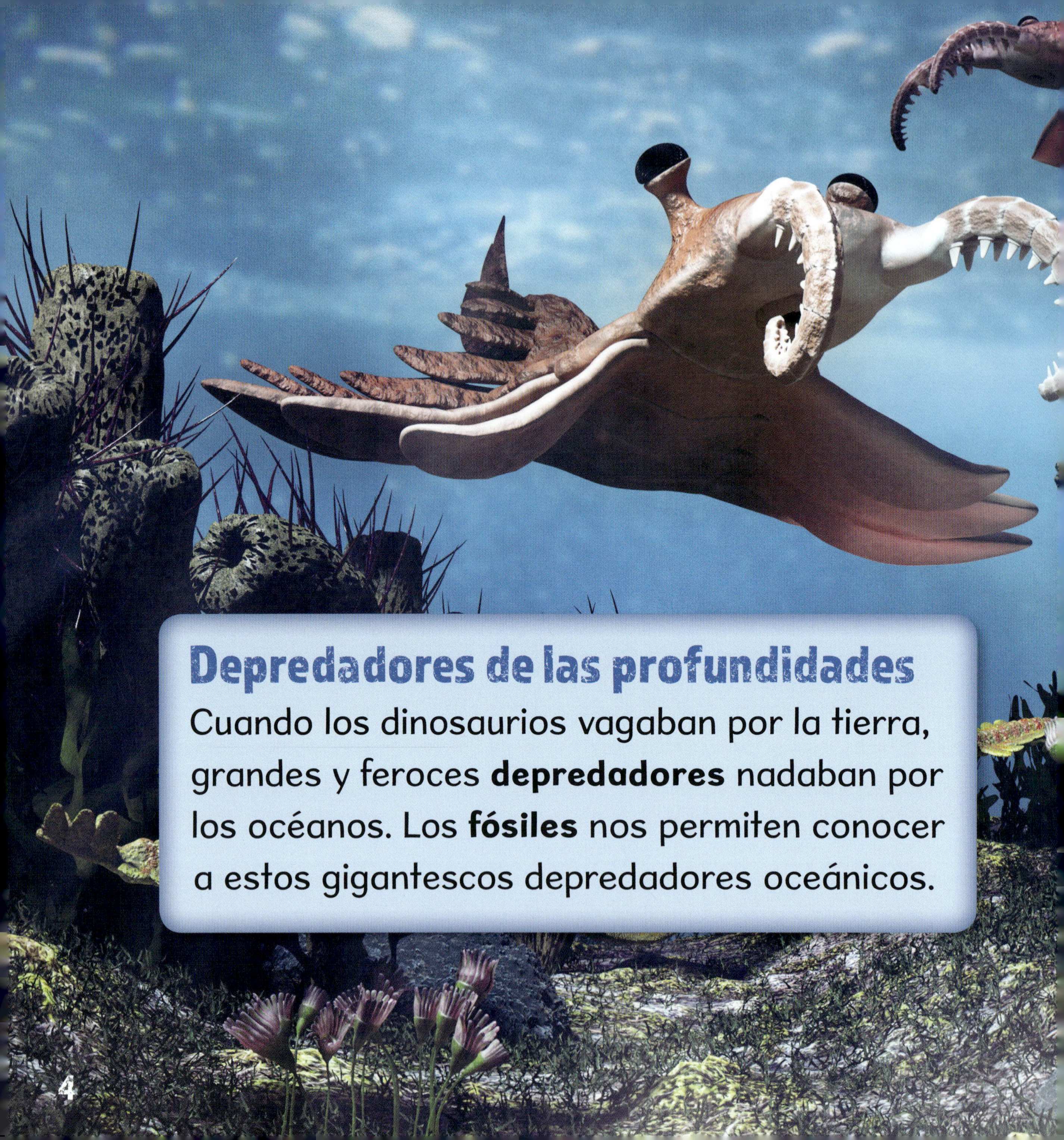

Depredadores de las profundidades

Cuando los dinosaurios vagaban por la tierra, grandes y feroces **depredadores** nadaban por los océanos. Los **fósiles** nos permiten conocer a estos gigantescos depredadores oceánicos.

Esqueleto de un *elasmosaurus.*

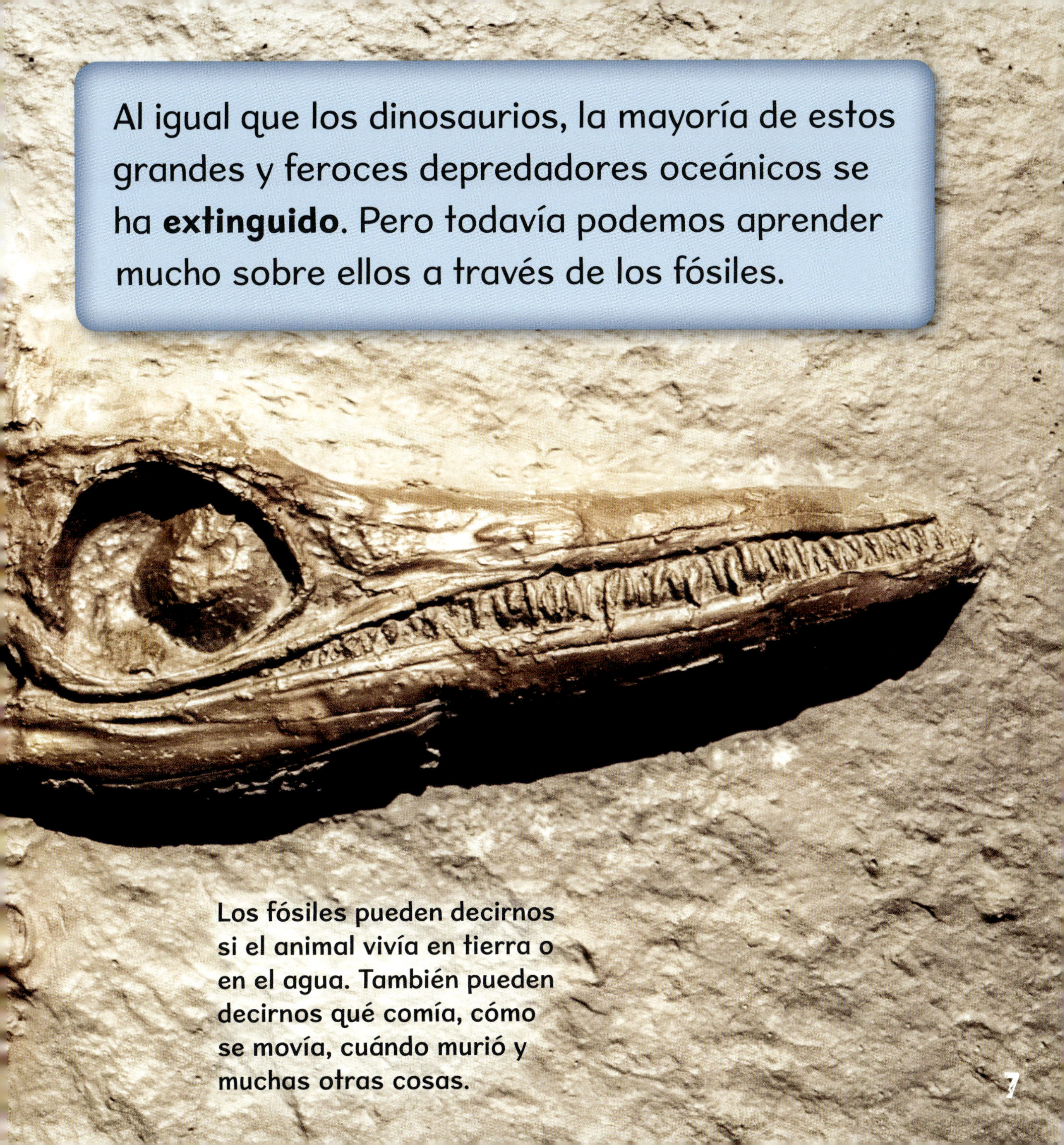

Al igual que los dinosaurios, la mayoría de estos grandes y feroces depredadores oceánicos se ha **extinguido**. Pero todavía podemos aprender mucho sobre ellos a través de los fósiles.

Los fósiles pueden decirnos si el animal vivía en tierra o en el agua. También pueden decirnos qué comía, cómo se movía, cuándo murió y muchas otras cosas.

Los científicos pueden comparar los fósiles con los animales vivos actuales. Las pistas de los fósiles muestran qué animales actuales son **parientes** vivos de estos gigantescos depredadores oceánicos.

Megalodón

Se cree que el megalodón era un pariente del actual gran tiburón blanco.

Al estudiar los dientes del megalodón, los científicos han descubierto que los megalodones llegaron a medir más de 50 pies (15 metros) de largo.

¡Una mandíbula de megalodón muestra lo enormes que eran estos animales marinos!

Megalodón

Vivió: de 20 a 3.6 millones de años atrás.

El megalodón tiene el récord de ser el tiburón más grande que ha vivido en nuestros océanos.

Cómo podría compararse un buzo moderno de 6 pies (1.8 metros) con el antiguo megalodón.

Se cree que el megalodón se alimentaba de grandes animales, como las ballenas. Utilizaba sus dientes y mandíbulas para aplastar a sus **presas**.

Fósil de un diente de megalodón.

Liopleurodon

El *liopleurodon* era un **reptil** de gran tamaño. Tenía pulmones y debía salir a la superficie para respirar.

Conocido como un nadador rápido, algunos científicos creen que llegó a medir casi 26 pies (8 metros) de largo.

Liopleurodon
Vivió: de 160 a 155 millones de años atrás.

El *liopleurodon* probablemente se alimentaba de ballenas y focas.

El fósil de un cráneo
de *liopleurodon.*

El *liopleurodon* forma parte de un grupo de animales llamados plesiosaurios. Tenían cabezas **alargadas** y aletas largas.

Livyatan

El *livyatan* es un cachalote extinto. Medía 50 pies (15 metros) de largo y tenía dientes de 12 pulgadas (30 centímetros).

El fósil de un cráneo de *livyatan*.

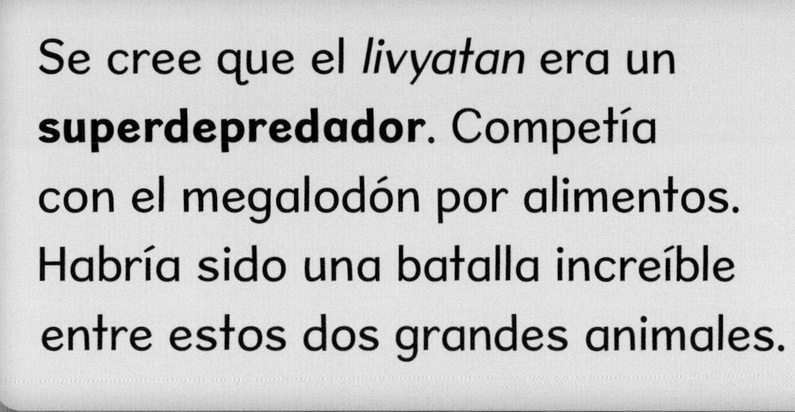

Se cree que el *livyatan* era un **superdepredador**. Competía con el megalodón por alimentos. Habría sido una batalla increíble entre estos dos grandes animales.

Livyatan

Vivió: de 13 a 12 millones de años atrás.

El *livyatan* probablemente comía ballenas y tiburones más pequeños.

Dunkleosteus

El *dunkleosteus* era un poderoso depredador. Su cráneo estaba cubierto de gruesas placas óseas. Algunas de las placas tenían forma de colmillos y se utilizaban como dientes.

Dunkleosteus

Vivió: de 370 a 360 millones de años atrás.

El *dunkleosteus* medía casi 20 pies (6 metros) de largo. Era tan poderoso que solo otro *dunkleosteus* habría sido capaz de matarlo.

Glosario

alargadas: Largas y delgadas, estiradas.

depredadores: Animales que cazan a otros animales para alimentarse.

extinguido: Que ya no está vivo o no existe.

fósiles: Los restos de animales y plantas de hace mucho tiempo, conservados en las rocas.

parientes: Miembros de una familia.

presas: Animales que son cazados y comidos por otros animales.

reptil: Animal de sangre fría que tiene columna vertebral y pone huevos.

superdepredador: Animal que caza a otros animales para alimentarse y que se encuentra en la cima de la cadena alimentaria.

Índice analítico

Apoyo escolar para cuidadores y profesores

Este libro ayuda a los niños a crecer permitiéndoles practicar la lectura. A continuación se presentan algunas preguntas orientativas para ayudar al lector a desarrollar su capacidad de comprensión. Las posibles respuestas que aparecen aquí están en color rojo.

Antes de leer

- **¿De qué creo que trata este libro?** Creo que este libro trata de animales marinos gigantes que vivieron hace millones de años. Creo que este libro trata de cómo los científicos utilizan los fósiles para aprender sobre los animales marinos.
- **¿Qué quiero aprender sobre este tema?** Quiero aprender más sobre los diferentes tipos de animales marinos antiguos. Quiero aprender sobre la esperanza de vida de los antiguos animales marinos gigantes.

Durante la lectura

- **Me pregunto por qué...** Me pregunto por qué se extinguieron los antiguos animales marinos. Me pregunto por qué los científicos comparan los fósiles con los animales vivos actuales.
- **¿Qué he aprendido hasta ahora?** He aprendido que se cree que los megalodones llegaron a medir más de 50 pies (15 metros). He aprendido que los científicos creen que los actuales tiburones blancos están relacionados con el megalodón.

Después de leer

- **¿Qué detalles he aprendido sobre este tema?** He aprendido que extinguido significa que ya no está vivo o no existe. He aprendido que un superdepredador es un animal que caza a otros animales para alimentarse y está en la cima de la cadena alimentaria.
- **Vuelve a leer el libro y busca las palabras del glosario.** Veo la palabra *depredadores* en la página 4 y la palabra *reptil* en la página 14. Las demás palabras del glosario se encuentran en la página 23.

Library and Archives Canada Cataloguing in Publication

Available at the Library and Archives Canada

Library of Congress Cataloging-in-Publication Data

Available at the Library of Congress

Crabtree Publishing Company

www.crabtreebooks.com 1–800–387–7650

Print book version produced jointly with Blue Door Education in 2022

Written by: Alan Walker
Translation to Spanish: Santiago Ochoa
Spanish-language copyediting and proofreading: Base Tres
Print coordinator: Katherine Berti

Photo Credits: istock.com, shutterstock.com, Cover and title page; istock.com/Daniel Eskridge, PGs 2-3; istock.com/Daniel Eskridge, PGs 4-5; shutterstock.com/Dotted Yeti - shutterstock.com/Karen Culp, PGs 6-7; shutterstock.com/Joaquin Corbalan P, PGs 8-9; istock.com/Trassnick - shutterstock.com/stockphoto-graf, PGs 10-11 and back cover; shutterstock.com/warpaint - shutterstock.com/Igor Kovalchu - istock.com/GlobalStock, PGs 12-13; shutterstock.com/Nico Ott - shutterstock.com/Elenarts - istock.com/OSTILL, PGs 14-15; istock.com/MR1805 - shutterstock.com/Jaroslav Moravcik, PGs 16-17; istock.com/Daniel Eskridge - istock.com/OSTIL, PGs 18-19; istock.com/OSTIL, shutterstock.com/Herschel Hoffmeyer - Ghedoghedo_CCA-Share Alike4.0 International, PGs 20-21; shutterstock.com/Herschel Hoffmeyer, PGs 22; shutterstock.com/warpaint

Published in the United States
Crabtree Publishing
347 Fifth Ave.
Suite 1402-145
New York, NY 10016

Published in Canada
Crabtree Publishing
616 Welland Ave.
St. Catharines, Ontario
L2M 5V6

Printed in the U.S.A./062022/CG20220124